La Musique dans les Villes rhénanes

P. Scudo

1858

Édition : BoD • Books on Demand GmbH, In de Tarpen 42, 22848 Norderstedt (Allemagne)
Impression : Libri Plureos GmbH, Friedensallee 273, 22763 Hamburg (Allemagne)
ISBN : 978-2-3225-5604-5
Dépôt légal : août 2024

LA MUSIQUE

SUR LES BORDS DU RHIN

Que faire dans un gîte à moins que l'on n'y songe ?

a dit le bon et incomparable La Fontaine... Que faire surtout à Paris pendant les mois de chaleur caniculaire que nous venons de traverser ? Les théâtres sont morts, les artistes se reposent des fatigues de l'hiver, et la société élégante se disperse dans tous les coins de l'Europe ; tout le monde voyage jusqu'aux vieilles symphonies, qui vont chercher aux eaux un remède à des maux incurables. Ce ne sont pas les dix ou douze opéras-comiques nouveaux qu'on a fait défiler comme des ombres chinoises, ni le ballet de

Sacountala, dernier soupir de l'école de la fantaisie, qui peuvent dédommager un pauvre critique dans l'exercice de ses pénibles fonctions. Puisque le Rhin est à nos portes, et que, grâce à l'esprit humain, plus puissant que Louis XIV, il n'y a plus de Pyrénées ni de frontières infranchissables, allons nous assurer, si la musique qu'on fait là-bas, dans ce pays de Bade et lieux circonvoisins dont on raconte tant de merveilles, vaut un peu mieux que celle qu'on entend à Paris. Ce raisonnement fait, je me suis confié à un train de grande vitesse, et j'ai franchi le Rhin, que j'ai parcouru de haut en bas. Je prends la liberté, monsieur, de vous transmettre le récit véridique de mes impressions.

Et d'abord j'épargnerai aux lecteurs de la *Revue* les dithyrambes que je pourrais faire en l'honneur des locomotives et des voies ferrées. « A quoi bon louer Hercule ? » dit un proverbe grec. L'homme d'ailleurs n'est jamais content : possédant le bien, il veut le mieux et aspire à l'impossible. C'est la marque de sa misère, pensent quelques casuistes moroses ; c'est le signe de sa grandeur, me permettrai-je de leur répondre. L'homme n'est jamais satisfait parce qu'il est perfectible, et que l'horizon de son intelligence va sans cesse s'élargissant devant lui. À peine a-t-il atteint le but prochain, qu'il en entrevoit un autre plus loin, et ainsi de suite jusqu'à la consommation des siècles. Aussi comme elle est vraie et profonde, cette réponse d'un grand poète à un pauvre représentant qui s'écriait un jour tout effaré en pleine assemblée législative : « Mais quand tout cela finira-t-il ? — Cela ne finira pas, monsieur, » lui répondit M. de Lamartine.

Quoi qu'il en soit, les chemins de fer sont une admirable invention qui laisse à désirer bien des perfectionnemens, et, en ce qui touche l'Allemagne, des employés mieux rétribués qui soient dispensés d'importuner le voyageur d'incessantes et honteuses réclamations. On est véritablement accablé par les exigences de tous ces petits commis qui pullulent dans les gares des chemins de fer allemands. Le prix de la place est doublé par les pourboires et la rémunération des services qu'on vous rend malgré vous. Tout se paie au-delà du Rhin, jusqu'au sourire de ce bon Allemand qui tend la main, et qui est moins naïf que le voyageur qu'il exploite. Sans être trop exigeant ni paraître un esprit aventureux, ne peut-on désirer et prévoir les trois réformes suivantes : plus de *passeport*, formalité niaise et parfaitement inutile qui ne gêne que les honnêtes gens, car les autres sont toujours en règle, et ils ont dans la poche des *passeports* de rechange pour toutes les circonstances difficiles où ils peuvent se trouver ; — une seule monnaie pour toute l'Europe, qui débarrasse le voyageur de l'ennui insupportable d'être volé d'abord, et d'avoir la bourse remplie d'un signe commercial qui varie incessamment et dont il n'a pas le temps de connaître la valeur relative ; — enfin une association générale de toutes les compagnies de chemins de fer, ce qui permettrait de payer une seule et bonne fois sa place et de s'affranchir, comme on affranchit une lettre, d'un bout de l'Europe à l'autre ? Le jour où ces vœux seront exaucés, l'homme désirera encore autre chose, et il aura toujours raison. « La vie n'est-elle pas un mouvement ? »

Le pays que traverse le chemin de fer de Paris à Strasbourg est aussi varié que charmant. On salue avec plaisir la jolie petite ville de Château-Thierry et ses coteaux *modères* chargés de vignobles dont le monde entier connaît le fruit. Après qu'on a laissé derrière soi Nancy et ses campagnes florissantes, après qu'on a franchi la chaîne des Vosges sous un tunnel qui n'en finit pas, la nature prend un nouvel aspect. Les charrettes basses traînées par de petits chevaux, les tresses blondes des paysannes, les chemises bouffantes, les bretelles, le large chapeau et le ton de la végétation, tout annonce l'Alsace et la race allemande qui a résisté à l'incorporation de Louis XIV. Les conquérans ont beau faire, la nature est plus forte qu'eux. Ils peuvent former violemment des corps politiques, étendre leur domination sur différens climats, faire vivre pendant quelques siècles sous un même joug l'homme du Nord et celui du Midi ; mais les races persistent, elles conservent leur caractère indélébile et ne se fondent pas facilement dans l'unité factice qu'on leur impose. Qu'est devenue l'œuvre gigantesque des Alexandre, des César, des Charlemagne, des Charles-Quint et des Napoléon ? Ils ont perdu le pays dont ils s'étaient appuyés pour conquérir les autres. Il n'y a que Pierre de Russie et Frédéric de Prusse qui puissent mériter l'éloge d'un vrai philosophe, parce qu'ils se sont servis de la guerre pour créer un peuple qui n'existait pas avant eux. Depuis deux cents ans que l'Alsace est attachée aux destinées de la France, ce dont elle est loin de se plaindre, elle n'a pu se dépouiller de ses goûts, de ses mœurs et de ses instincts allemands. On y parle aussi peu français que possible, et à la première question que j'adressai à un habitant de Strasbourg, je reçus pour réponse : *Ich versteke sie nicht, mein herr* (je ne vous comprends pas, monsieur). — Je dus alors avoir recours à ma mémoire, et j'adressai la même question dans la langue du pays. On me répondit : *Ich versteke sie nicht, mein herr, sie sprechen zu gut* (je ne vous comprends pas, monsieur, vous parlez trop bien). — C'est un préjugé commode et généralement répandu qu'on parle français dans toute l'Europe, et qu'il n'est pas besoin de se charger la mémoire, d'une langue étrangère pour être entendu et voyager sans embarras. J'engage les personnes qui seraient dans cette douce persuasion à faire seulement le voyage de Bade : elles auront bientôt lieu de se convaincre que c'est une illusion de la vanité nationale qu'on ne rapporte pas sous la semelle de ses souliers, selon l'énergique expression de Danton.

Deux souvenirs me sont venus à l'esprit en pénétrant dans Strasbourg, dont le théâtre était fermé, et dont j'eus de la peine à découvrir la cathédrale, enfouie derrière un amas de masures qui en dérobent la vue : le souvenir de Goethe, qui étudiait ici en 1770, et celui de Rouget de l'Isle, qui, dans un moment d'enthousiasme, a trouvé à Strasbourg en 1792 l'hymne de la révolution si connu sous le nom de *la*

Marseillaise. Ce pauvre Castil-Blaze, dont j'aimais la verve méridionale, le savoir et la bonhomie, a eu dans sa vie deux fantaisies que je n'ai jamais pu lui passer : il ne voulait pas que Rouget de l'Isle eût fait la musique de *la Marseillaise*, ni que Rousseau fût l'auteur de la jolie pastorale du *Devin de Village*. Ce qu'il a dépensé d'érudition sophistique pour soutenir ces deux propositions est incroyable. Rouget de l'Isle est bien l'auteur de *la Marseillaise*, mais avec le concours des circonstances et du sentiment national, qui lui mit au cœur une étincelle de génie qu'il n'a pas retrouvée depuis. Ce n'était ni un musicien ni un poète de profession, mais un amateur, un barde militaire qui écrivit sous l'inspiration de la France et donna une forme au sentiment de tous. L'art seul est impuissant pour la création de ces chants populaires qui résument et perpétuent l'élan héroïque d'une nation. Méhul, qui était un bien autre musicien que Rouget de l'Isle, a composé plusieurs hymnes patriotiques, entre autres *le Réveil du Peuple*,

> Veillons au salut de l'empire,
> Veillons au maintien de nos droits !

sans pouvoir jamais atteindre à la simplicité de *la Marseillaise*. Je n'oublierai pas qu'après la révolution de 1848, le ministre de l'instruction publique, M. Carnot, ouvrit un concours pour avoir un chant populaire qui fût digne de l'œuvre que les vainqueurs de février avaient accomplie ! Ils furent servis à souhait, car on n'a jamais entendu parler du résultat de ce concours. C'est que, dans cet ordre de productions, le sentiment est tout, et l'art fort peu de chose. C'est ainsi que les plus beaux chants de l'église ont été trouvés, non par des poètes et des musiciens de profession, mais par de saints et graves personnages pieusement émus. — Ces hymnes du sentiment, on les trouve, on ne les crée pas, parce que, comme dit saint Ambroise, qui s'y connaissait : *Mon est in nostrâ potestate cor nostrum* (notre cœur n'est pas en notre puissance).

Un de mes désirs les plus vifs en traversant Strasbourg, c'était d'aller en pèlerinage au village de Sesenheim, immortalisé par les mémoires de Goethe. Je voulais voir la maison de Frédérique Brion, saluer le ruisseau limpide, l'arbre, le banc de pierre et le bosquet de jasmins où ont été donnés et reçus tant de sermens et de si doux baisers. Je n'ai pu, hélas ! accomplir mon vœu. Après avoir cherché vainement une personne qui pût me renseigner sur la position topographique du village de Sesenheim, en m'appuyant du nom de Goethe et du miracle que l'amour y avait accompli, je fus obligé d'aller à la poste. Là, on me donna les renseignemens que je désirais : village de Sesenheim, canton de Bischwiller, à cinq lieues de Strasbourg, sans autre remarque, et sans se douter du genre d'intérêt qui m'y attirait, car on parut étonné qu'un étranger voulût aller dans un endroit peu habité, où il n'y a rien de curieux à voir, ni monumens, ni fabrique de boutons ou de cotonnade. O démocratie triomphante, voilà de tes œuvres ! Le lendemain matin de mon arrivée à Strasbourg, j'eus le malheur de manquer de quelques minutes le convoi du chemin de fer qui devait me conduire à deux lieues de Sesenheim, où j'aurais trouvé une voiture que je ne pouvais pas rencontrer plus tard. Je me résignai, et, ouvrant les poésies de Goethe, que j'avais apportées avec moi, je me mis à lire et à réciter les trois ou quatre petits chefs-d'œuvre qui lui furent inspirés par Frédérique, tels que *Willkommen und Abschied, Kleine Blumen, Kleine Blaetter, und die Erwahlte,* et surtout l'admirable chanson de mai, *Mailied* :

> Wie herrlich leuchtet
> Mir die Natur !
> Wie glänzt die Sonne !
> Wie lacht die Flur ! etc.

Goethe, aussi bien que Mozart, a hésité pendant quelque temps s'il donnerait son génie à la France ou à l'Allemagne, sa patrie. Né à Francfort, étudiant à Strasbourg, Goethe eut la velléité de s'essayer dans la langue de Corneille et de Racine, ignorant encore à quelle grande révolution littéraire il devait donner le branle dans son pays. Qu'eût-il fait, ce profond et vaste génie, s'il eût franchi le Rubicon qui sépare les deux races et mis le pied dans le royaume de Voltaire ? Il n'est pas trop hardi de répondre qu'il eût manqué à sa destinée. Il n'aurait pas écrit ses poésies lyriques, petits chefs-d'œuvre de science et de sentiment, d'amour et de raison, de libre inspiration contenue dans une forme exquise, où la légende s'enroule comme une plante grimpante autour de la vérité. Il aurait perdu en France ce sentiment de la nature qui est le propre de la race allemande ; il n'aurait conçu ni achevé l'épopée philosophique de *Faust*, pas plus que Mozart n'aurait composé à Paris *Don Juan*, les *Nozze di Figaro* et le *Requiem*. Heureusement pour l'Allemagne et pour la grande poésie, Goethe et Mozart ont eu peur de la moquerie française, et ils sont restés sur la rive droite du grand fleuve qui sépare les deux races. Avant de quitter Strasbourg, où je n'ai pu entendre une seule note de musique, car le théâtre, dont l'orchestre est excellent, m'assure-t-on, était fermé, ainsi que le conservatoire, — institution municipale due à la munificence d'un bon citoyen, M. Apfel, qui a laissé à la ville cinquante mille francs de rente pour être employés en faveur de l'art musical, — je ne pus m'empêcher de sourire en passant sur la place d'Armes, et en regardant la statue qu'on y a élevée au général Kléber. Il a l'air d'un soldat aux gardes qui se révolte contre ses supérieurs ! Quand donc les artistes modernes comprendront-ils que les poses héroïques et l'air bravache ne conviennent pas à la statuaire, et que la physionomie humaine qu'on veut transmettre à la postérité doit être calme et simple ?

Mais voici le Rhin, le Rhin, qui a été chanté par tant de poètes et revendiqué par tant de nations, fleuve providentiel, dit M. Hugo, qui en a fait une magnifique description. De tous les vers qu'a inspirés ce grand fleuve *à la barbe limoneuse*, ceux que la *Revue des Deux Mondes* a publiés, il y a une quinzaine d'années, ne restent-ils pas la plus fidèle expression des faits accomplis, et probablement de l'avenir ?

Roule libre et superbe entre tes larges rives,
Rhin, Nil de l'Occident, coupe des nations,
Et des peuples assis qui boivent tes eaux vives
Emporte les défis et les ambitions !

Ce qui prouve la vérité de la prévision du poète, c'est que l'on construit sur le Rhin un pont gigantesque qui sera un trait d'union pacifique entre la France et l'Allemagne, où je me sens entraîné bien lentement par le chemin de fer badois. C'est ici que la patience est une vertu théologale ! Le pays est délicieux de Kehl à Baden ; mais les hommes commencent à devenir insupportables par la lenteur de leurs mouvemens et les exigences infinies dont ils vous accablent. Tout se paie, jusqu'au bonjour ; jusqu'au salut de l'officier de police qui vous demande le passeport avec deux florins de pourboire, car cet impôt inique du passeport n'a pas d'autre signification. Tout conspire contre la bourse et la liberté du voyageur.

Que dire de Bade ? Comment parler d'un lieu que les *keepsake* et les livres illustrés ont fait connaître à toute L'Europe ? Que c'est un petit Paris, un prolongement du boulevard des Italiens et du bois de Boulogne, avec de l'ombre, des montagnes, des ruines pittoresques, des sources vraies et des souvenirs qu'on ne trouve pas à Paris. Ce qui, à mon avis, gâte le plaisir qu'on aurait à passer quelque temps dans cette délicieuse vallée, qui touche aux limites de la Forêt-Noire, c'est la population flottante qui l'habite, c'est le demi-monde parisien avec sa littérature, ses artistes, ses bouffons jouant de toute sorte d'instrumens qui se donnent ici en spectacle. Tout cela vit, Dieu sait comment, ou plutôt on devine aisément de quel sac de farine sort le pain que mange cette population famélique qui représente à Bade, non pas la civilisation, les arts et la littérature française, mais la corruption, élégante, le vain bruit, les futilités où se plaît une certaine société parisienne. Je ne veux pas porter la guerre dans le charmant pays du grand-duc de Bade ; mais j'étais bien aise de m'assurer par moi-même en quelle estime on tient ici toutes ces choses vaines, cette musique, cette prose, ces rimes creuses, ces opérettes sans nom et ce faux bel-esprit qu'on fait venir de Paris pour donner une idée à l'Allemagne de l'éclat et de la civilisation de la France ! Tout ce clinquant est estimé à sa juste valeur, et ce qui le prouve, c'est le dialogue suivant, dont je ne suis que le rapporteur véridique.

— Vraiment, disait devant moi un personnage de beaucoup d'esprit qui tient un rang élevé auprès d'un souverain de la confédération germanique, M. l'entrepreneur des jeux se moque un peu de nous. Croit-il donc que nous autres Allemands, nous venions à Bade pour entendre les pauvretés qu'on exécute dans la magnifique salle des concerts ? Nous serions indignes d'être les compatriotes des Haydn, des Mozart, des Beethoven, des Weber, des Mendelssohn, si nous prenions an sérieux ces frasques de journaliste en belle humeur, ces comédies d'antichambre, ces virtuoses de la parole et ces opéras-comiques improvisés. Pourquoi cet entrepreneur ne fait-il rien pour l'Allemagne, qui, non moins que la France, vient apporter de l'eau à son moulin ? Nous sommes ici dans les états d'un prince allemand, ce qu'on semble oublier un peu trop. Qu'on nous fasse venir pendant quinze jours l'orchestre du Conservatoire, que Meyerbeer ou que M. Auber nous apportent quelques nouvelles fleurs de leur génie, l'Allemagne applaudira et accourra ; mais nous ne sommes pas assez dépourvus d'hommes de talent pour nous émerveiller beaucoup de tous les marivaudages parisiens dont on nous fatigue. — Monsieur, répondit un Français de bonne humeur à qui ce discours s'adressait, l'entrepreneur n'est pas aussi simple que vous semblez le croire ; il sait bien ce que valent au fond les hommes et les œuvres qu'il vous exhibe dans ses magnifiques galeries, mais il a besoin de flatter la presse parisienne, parce que les journaux français sont les plus grands enjôleurs du monde. — Ah ! je comprends, répondis-je à mon tour, ces messieurs remplissent ici l'office de cet orgue de Barbarie qui jouait devant la maison de Fualdès pendant qu'on regorgeait.

Je ne suis resté en face de la maison de *conversation*, rendez-vous *favori* de tout ce monde que je viens de peindre, que pour y dîner fort mal et fort cher dans un café qui s'intitule *restauration*, et où règne un affreux désordre. En revanche, la musique militaire d'un régiment de la garde du grand-duc de Bade m'a fait un plaisir réel. J'étais au bout de l'allée qu'on nomme *promenade*, lorsque je fus frappé par la tournure harmonique d'un morceau qu'exécutaient les musiciens. Je m'approchai davantage du kiosque où ils se tenaient, et le morceau se changea en une affreuse cacophonie pour se terminer par une plate conclusion, c'est-à-dire par une *cadence parfaite*. Je me dis en moi-même : Cela doit être de la musique de M. Wagner. En effet, c'était un chœur de *Lohengrin*, arrangé pour la musique militaire. À Dieu ne plaise que je juge le talent de ce compositeur sur un pareil spécimen ! J'ai acquis la conviction que ses ouvrages obtiennent un succès réel à Berlin, à Dresde et même à Vienne. Je ne suis pas moins obligé de convenir que dans ma course rapide à travers les provinces rhénanes il y a deux choses essentiellement allemandes que je n'ai pu me procurer : un opéra de M. Wagner et de la choucroute.

Puisque je viens de toucher incidemment à cette grave question de la vie matérielle au-delà du Rhin et même en-deçà, je veux la couler à fond pour ne plus y revenir. Les Allemands mangent comme tous les mortels, mais est-il bien certain qu'ils sachent dîner ? Ils dorment comme tout ce qui respire, mais peuvent-ils se vanter de se coucher dans des lits impossibles, où je n'ai jamais réussi à entrer sans faire les plus grandes concessions ? Tous les goûts sont dans la nature, et il faut bien que cela soit ainsi, pour qu'on puisse vous servir, comme je l'ai vu sur presque toutes les tables d'hôte des principales villes des bords du Rhin, des gigots carbonisés avec des pruneaux, du veau assaisonné de compote de pommes ! Et quels poulets, quelles salades, quel potage et quel dessert, dont ne voudraient pas en France les domestiques d'une bonne maison ! Excepté dans quelques maisons particulières, où j'ai reçu une hospitalité charmante, je n'ai vraiment dîné et complètement dormi qu'en arrivant à Bruxelles. J'aime l'Allemagne, j'aime ce beau pays de la grande érudition, j'admire ses philosophes, ses poètes et ses grands musiciens ; mais j'avoue que je ne puis pas lui pardonner sa cuisine.

Une des belles promenades de Bade, c'est la longue et grande allée de Lichtenthal, bordée à droite et à gauche de jolis jardins, plantée de vieux chênes qui la couvrent d'une ombre protectrice. Elle conduit à un couvent de femmes qui a échappé aux tourmentes politiques, et qui perpétue des souvenirs historiques qui remontent jusqu'à l'an 1245, où il fut fondé par la veuve d'un prince allemand, Hermann V. Les religieuses, au nombre de vingt, renouvellent leurs vœux tous les trois ans. Elles étudient la musique et jouent de toute sorte d'instrumens, du violon, de la flûte, du violoncelle, composant entre elles un petit orchestre, comme dans les *scuole* de Venise, dont on a pu lire ici l'histoire. Je ne les ai pas entendues célébrer l'office divin, j'étais arrivé trop tard. Quelques personnes m'ont assuré que la musique qu'on faisait au couvent de Lichtenthal était délicieuse ; des juges plus difficiles m'ont affirmé au contraire que ces pieuses femmes chantaient aussi faux que des moines français. La sensation musicale la plus pure que j'aie éprouvée dans ce charmant pays, où M. Benazet a introduit le vaudeville parisien, c'est à l'église collégiale de Bade, à la messe de sept heures. J'ai entendu deux ou trois cents enfans des écoles publiques chanter un choral à l'unisson avec une justesse, une onction et une précision admirables et touchantes. C'était une phrase de plain-chant pas trop longue, mais d'un beau caractère, qu'ils entonnaient sans hésitation, en la reprenant après quelques mesures de silence, que l'orgue remplissait d'une harmonie simple, mais *modulante.* Je souligne cette dernière expression parce qu'il y a à Paris une petite école fort obscure, composée de deux membres, dont l'un est homme de talent, qui s'est avisée d'inventer une nouvelle manière d'accompagner le plain-chant. Cette école a publié un spécimen de ses doctrines qui a fait grand scandale parmi les initiés, et dont l'Institut est fort embarrassé, ayant été mis en demeure d'émettre son avis sur de pareilles puérilités. C'est qu'à vrai dire le plain-chant a toujours été accompagné avec l'harmonie du temps, appropriée par le goût et le sentiment à la gravité du service divin. Palestrina a fait comme Josquin Després son prédécesseur, Scarlatti comme Palestrina, et Sébastien Bach comme Scarlatti son contemporain : ils ont fait de la musique religieuse avec les ressources que l'art mettait à leur disposition, ils ont soumis les mélodies grégoriennes à la loi du temps, en leur imprimant un léger coloris de modulation qu'exigeaient l'oreille et la sensibilité des fidèles. Cette proposition est d'une vérité si évidente que Mortimer, l'auteur d'un bon ouvrage sur le chant choral, accuse positivement Sébastien Bach de méconnaître, dans l'harmonie qu'il y ajoute, le caractère des mélodies du plain-chant. C'est que Sébastien Bach était un musicien de génie, vivant au milieu du monde, dont il comprenait les besoins, tandis que Mortimer était un reclus associé à la secte des frères moraves, aussi étranger à son époque que les modes grecques, dont il s'est efforcé vainement de définir le caractère moral. Zarlino n'avait pas été plus habile que Mortimer. Les Allemands sont plus heureux que nous : ils ne font pas de théories sur le plain-chant, mais ils chantent juste et font de la bonne musique religieuse.

Je serais resté quelques jours de plus à Bade, si l'affiche du théâtre de Carlsruhe, dont l'orchestre est excellent, n'eût annoncé pour le lendemain l'*Iphigénie en Tauride* de Gluck. — Enfin, me suis-je écrié dans ma joie de critique, je verrai donc une fois dans ma vie un opéra de Gluck ! Paris est trop encombré de chefs-d'œuvre comme *la Magicienne* ou *Sacountala* pour penser jamais à nous faire entendre un ouvrage de ce grand peintre des passions, qui est venu, il y a plus de quatre-vingts ans, enrichir la France d'un génie presque à la hauteur de celui de Corneille ! Ah ! que Meyerbeer a bien raison de traiter ces gens-là comme des mercenaires, et de les enchaîner par des traités diaboliques avant de leur livrer une note ! — Hélas ! ma joie fut de courte durée. Arrivé à Carlsruhe, l'affiche n'annonçait plus le chef-d'œuvre de Gluck, mais *i Capuleti ed i Montechi* de Bellini, avec un troisième acte de Vaccaï ! — Je n'ai pas franchi le Rhin, je ne me suis pas soumis à la torture des lits allemands pour entendre un des plus faibles ouvrages de ce pauvre et délicieux Bellini, me suis-je dit dans ma douleur. Allons nous consoler à Heidelberg ! — Et j'ai quitté immédiatement et sans regret la capitale du grand-duché de Bade.

Trois endroits sont à visiter dans une ville, si l'on veut saisir promptement la physionomie de la population et avoir une idée de ses habitudes, de son bien-être et de ses mœurs : c'est le marché, l'église et le théâtre. C'est ce que je comptais faire en arrivant à Heidelberg, mais j'ai trouvé le théâtre fermé ainsi que l'université. Je me suis contenté de visiter le marché, les églises et la belle nature qui enveloppe de toutes parts cette ville paisible de la science et des souvenirs, et j'ai promené mes loisirs sur cette montagne pittoresque, dont le château en ruine accuse la politique de Louis XIV, la férocité de son ministre Louvois et de ses généraux. C'est une chose triste à dire, mais on ne peut faire un pas en Allemagne, en Italie, en Espagne, et dans presque tout le continent de l'Europe, sans trouver les traces désastreuses du passage des armées françaises ! Quelle différence avec le peuple et les armées romaines, qui fécondaient le sol qu'ils avaient conquis, et laissaient partout sur leur passage des institutions et des monumens impérissables. On ne s'attend pas que je donne ici une description du château de Heidelberg, qui est suffisamment connu, et où je n'ai pas rencontré un seul Français, mais beaucoup d'Anglais et quelques Allemands. Les Français vont à Bade trouver le bruit, les distractions et la musique de Paris ; les Anglais recherchent la nature, qu'ils aiment et dont ils comprennent les mystérieuses beautés. Est-il besoin de plus longs discours pour expliquer le caractère des deux nations qui sont à la tête de la civilisation occidentale ? Telle est aussi, ce me semble, la différence entre les chefs-d'œuvre du génie de Shakspeare, grand, sauvage, tendre, pittoresque, varié et profond comme la nature, comme la race vigoureuse où il s'est produit, et les tragédies politiques de Corneille et de Racine, qui ne sortent pas de l'*atrium* ni de la place publique. Encore une fois, on a beau faire, les races persistent à travers les modifications des siècles et les progrès de l'esprit. Pour moi, assis dans une embrasure du vieux château de Heidelberg, ayant en face le Neckar, qui coule paisiblement vers Mannheim, et dont la rive droite, parsemée de jolies maisons de plaisance, m'a rappelé les rives de la Brenta, je remplissais ces ruines et cet admirable paysage de souvenirs que j'évoquais, et je le peuplais à ma fantaisie d'êtres aimés, dignes de comprendre cette langue de la nature qu'a si bien parlée Beethoven ! C'est là, en face de cette belle montagne chargée de vignobles, la *montagne sainte, Heiligenberg,* que j'aurais voulu entendre la symphonie pastorale, l'ouverture du *Freyschütz,* l'introduction d'*Oberon,* ou l'*Été des Saisons* du père et créateur de la musique instrumentale ! Revenant sur mes pas et parcourant les allées ombreuses de l'ancien jardin du château, je vis assis sur un banc solitaire, tout près de la *fontaine des Princes,* un jeune bomme avec une jeune et jolie Allemande, d'une parfaite élégance de manières et de costume. Sans avoir trop l'air de les observer, je passai devant eux en murmurant tout bas :

Giovinette, che fatte all' amore,

Non lasciate che passi l'età…

Ils partirent tous deux d'un joyeux éclat de rire, puis le jeune homme me répondît : — *Ja, ja, sie haben ganz recht, mein herr* ; oui, oui, monsieur, vous avez raison, et nous suivons vos conseils. — Parvenu au bout de l'allée, au moment où j'allais disparaître à leurs yeux, je me retournai en leur criant :

Va bene, va bene in verità !

puisant toujours mes conseils dans le chef-d'œuvre de Mozart.

Je passai la journée du lendemain dans les environs de Heidelberg, chez un dilettante distingué à qui j'étais recommandé, et qui était prévenu de ma visite. Après le dîner, qui a toujours lieu à une heure de l'après-midi, comme si la révolution française n'eût pas fait le tour du monde, on fit de la musique, et je fus particulièrement frappé d'une chanson allemande à quatre parties de Jean Eccard, organiste célèbre du commencement du XVIIe siècle, qui a longtemps vécu à Kœnigsberg, puis à Berlin, où il est mort, je crois. Ce morceau, écrit pour deux voix d'homme et deux voix de femme, était remarquable par une harmonie déjà travaillée qui annonce l'école des Bach. Il a été fort bien chanté par des amateurs, qui m'ont donné la meilleure idée de l'instinct musical de la nation et du goût exercé du maître de la maison. C'est là toute la musique que j'ai pu entendre à Heidelberg, dont le séjour me plairait davantage, si les femmes n'y étaient, disons le gros mot, affreusement laides. Je n'en ai pas rencontré une, surtout dans le peuple, qui n'eût au cou le commencement d'un goître. On dirait même que la figure des hommes a quelque chose d'inachevé, et qu'il manque à ces physionomies lourdes un dernier coup d'ébauchoir que la nature leur a refusé.

De Heidelberg, où j'étais descendu dans la plus ancienne maison de la ville, *Au Chevalier {zum Ritter*), dont le fronton original porte cette inscription en lettres d'or : *Si Jehova non aedificet domum, frustra laborant aedificantes eam*, j'allai à Mannheim, toujours à la poursuite d'un opéra de M. Wagner, le *Tannhäuser* ou le *Lohengrin*. Le théâtre de Mannheim a été célèbre pendant les vingt dernières années du XVIIIe siècle, sous le règne de Charles-Théodore, prince magnifique, qui protégea l'art, la littérature et la musique allemande, dont il voulait l'émancipation. C'est sur le théâtre de Mannheim qu'ont été jouées les premières pièces de Schiller, sous la direction d'Iffland, et Mozart vint deux fois y chercher un refuge. L'orchestre de Mannheim était alors le premier de l'Allemagne et célèbre dans toute l'Europe. La ville est propre et jolie, mais d'une régularité désespérante et d'un style tout moderne. Le jardin du château est grand, plein d'ombre, de fraîcheur et de mystère. Je m'y suis perdu avec plaisir des heures entières, écoutant chanter les caméristes qui viennent là passer la journée avec les enfans, dont elles bercent l'Imagination naissante avec des contes bleus. Le jour de mon arrivée, on donnait au théâtre *Minna de Barnhelm*, un drame en cinq actes de Lessing. Bien que ce ne fût pas tout à fait ce que j'étais venu chercher, le grand nom de Lessing, l'auteur du *Laocoon*, un prince de la critique qui a déployé dans cet ingrat métier les facultés d'un homme de génie, méritait que je lui rendisse hommage. Je suis donc allé entendre son drame, dont l'intrigue m'a paru faible, et la sentimentalité un peu outrée. Il s'y trouve un personnage équivoque, Nicault de La Martinière, qui représente la nation française sous un aspect peu flatteur. Lessing n'aimait pas la France ni sa littérature, qu'il a critiquée avec une rigueur qui peut passer pour de l'injustice. Ce fut un grand écrivain, un philosophe hardi, digne du siècle qui a émancipé l'esprit humain, un des créateurs de la prose allemande, avec Luther, Herder et Goethe. J'ai vu au théâtre de Mannheim une chose que je croyais possible : c'est un orchestre sans chef visible, sans batteur de mesure, exécutant des fragmens de symphonies avec un ensemble et une justesse que nous avons de la peine à obtenir à Paris malgré les efforts et les contorsions de ce personnage qui préside aux destinées de trente ou quarante musiciens réunis. Il n'y a pas en France d'orchestre de cabaret qui ne se croie obligé d'instituer une sorte de dictateur qui, un archet à la main, se donne en spectacle à tout le monde par sa pantomime ridicule. Les Allemands sont à la fois plus humbles et plus indépendans.

Darmstadt est, après Mannheim, la résidence princière dont le théâtre est le plus suivi. Sous le grand-duc de Hesse-Darmstadt Louis Ier, qui est mort le 6 avril 1830, l'opéra de Darmstadt était fort célèbre et fort couru. C'est dans cette ville paisible et un peu triste que Weber et Meyerbeer, sous la direction de l'abbé Vogler, se préparaient, en 1810, à leur glorieuse destinée. Le théâtre de Darmstadt occupait alors le premier rang après celui de Vienne et de Berlin. L'opéra y était exécuté d'une manière si remarquable que les amateurs accouraient de toutes les villes voisines. C'était un spectacle curieux que de voir ces jours-là les routes de Francfort, de Mayence et de Mannheim sillonnées de voitures publiques et de beaux équipages remplis de voyageurs qui venaient tout exprès à la résidence grand'-ducale pour entendre un opéra nouveau ou un chef-d'œuvre connu. La société élégante des bords du Rhin se donnait rendez-vous au théâtre de Darmstadt, et l'on se retrouvait avec plaisir dans cette jolie salle, où le prince jouissait avec orgueil du succès de ses virtuoses, car il ne faut pas oublier que le grand-duc contribuait à la prospérité de ce théâtre, non-seulement par la munificence avec laquelle il traitait les artistes, mais aussi par les conseils qu'il leur donnait. Il présidait à toutes les répétitions générales. Dans les dernières années de son règne, on le voyait aller de son château au théâtre, qui est en face, précédé d'un sous-officier de sa garde qui écartait les curieux, et suivi d'un valet de chambre ayant une partition sous le bras. Appuyé sur sa canne à pomme d'or, il se rendait au théâtre, où tout un peuple de musiciens l'attendait avec respect. Il montait sur la scène, où il se faisait apporter un pupitre chargé de la partition qu'on allait étudier. Armé de son bâton de mesure, il donnait le signal du commandement, que le chef d'orchestre transmettait à son tour à l'armée des symphonistes. Était-il mécontent de l'exécution d'un passage, le grand-duc frappait sur le pupitre en disant de sa voix chevrotante : Ce n'est pas cela, il faut recommencer, — et l'on recommençait le passage en question jusqu'à ce que le *maestro di capella* couronné fût satisfait. Lorsque le prince était content d'une cantatrice, il la faisait venir auprès de lui, lui pressait le menton de sa main souveraine, et après lui avoir doucement caressé la joue, il lui accordait une gratification. Bien plus habile que le tout-puissant Jupiter, qui n'a jamais pu maintenir le bon ordre parmi les divinités capricieuses de son olympe, qui passait son temps à réconcilier incessamment l'impérieuse Junon et la tendre Vénus, le grand-duc de Hesse-Darmstadt dissipait d'un mot les orages qui s'élevaient entre les cantatrices rivales, et sous son gouvernement débonnaire la brune et la blonde, l'*opera-seria* et l'*opera-comica* faisaient ensemble assez bon ménage.

Au lieu d'un opéra de M. Richard Wagner ou d'un tout autre ouvrage lyrique que j'espérais entendre à Darmstadt, l'affiche annonçait pour le lendemain de mon arrivée un drame de M. Brachvogel intitulé *Narcisse*, dont la scène se passe sous le règne de Louis XV. Voici quels sont les principaux personnages de ce drame dont un juge compétent a parlé dans la *Revue des Deux Mondes* : Louis XV, Mme de Pompadour, Diderot, Grimm, et jusqu'à un M.

de *Salvandy*, chevalier de la marquise de Pompadour ! J'avoue que j'aurais été curieux de m'assurer comment l'auteur a pu faire un drame assez sombre avec les noms que je viens de citer. Il n'y avait que Grimm, à mon avis, il n'y avait que ce froid bel esprit allemand que réchauffait de temps en temps le souffle sympathique de Diderot, qui fût digne de figurer dans ce mélodrame. Les dévots de Jean-Jacques Rousseau, et ils sont nombreux, quoi qu'on écrive et quoi qu'on fasse, ne sauraient pardonner à Grimm tout le mal qu'il a fait au génie malheureux de l'auteur d'*Emile* et des *Confessions*. Malgré ses charmantes pages sur Grimm, dont il a cherché à relever le caractère et la moralité, M. Sainte-Beuve ne m'a pas convaincu. Les dévots de Rousseau tiennent compte surtout de quelques belles pensées de Mme Sand et de l'admirable étude de M. Cousin sur le style du grand écrivain qu'ils admirent. Ceux-là sont écoutés parce qu'ils sont de la famille. Toutefois, n'oublions pas que Grimm fut un juge excellent des beautés de l'art que nous aimons ; il comprit le miracle que révélait l'enfance de Mozart et prédit sa grandeur.

Il me fallut aller chercher à Francfort ce que je n'avais pas rencontré à Darmstadt ni à Mannheim, un opéra quelconque de M. Richard Wagner. À mon arrivée dans cette grande et belle ville libre, qui ressemble beaucoup au quartier de la Chaussée-d'Antin, je m'empressai d'aller visiter la maison qui a vu naître Goethe. Chose assez bizarre que le plus grand poète de l'Allemagne soit venu au monde dans un carrefour de marchands, au sein d'une ville de trafiquans qui touche aux frontières de la France, dont elle a subi les invasions successives ! Après la maison de Goethe, j'ai voulu visiter aussi le berceau d'une autre royauté, la maison où a vécu et où est morte la mère de MM. de Rothschild. Je me rappelle qu'il y a quelques années les journaux répandirent la plaisanterie que MM. de Rothschild, à la tête d'une société d'Israélites, avaient acheté du Grand-Turc la ville de Jérusalem avec la permission d'y rebâtir le temple de Salomon. Eh bien ! cette Jérusalem nouvelle,

Qui renaît plus charmante et plus belle,

c'est la ville de Francfort, où les Juifs sont maîtres et seigneurs, et dans laquelle MM. de Rothschild bâtissent une immense synagogue de style oriental, qui doit valoir, ce me semble, le temple du sage Salomon. Savez-vous ce que l'on donnait le soir au théâtre de Francfort ? *Don Pasquale*, traduit dans la langue du pays ! Cette nouvelle mystification du sort n'abattit pas mon courage. J'allai au théâtre, qui est une fort belle salle à trois rangs de loges, mais mal éclairée comme toutes celles que j'ai pu voir sur les bords du Rhin. À mon grand étonnement, l'exécution du joli opéra de Donizetti, que nous avons entendu chanter à Paris par Mlle Grisi, Lablache, Ronconi et Mario, ne fut pas trop mauvaise ; j'ai remarqué dans le rôle de Norina Mlle Veith, qui possède une fort belle voix de soprano, assez étendue et d'une flexibilité suffisante pour une Allemande qui n'est pas Mme Sontag. Mlle Veith, qui a été attachée au Théâtre-Italien de Paris du temps où M. Hiller dirigeait l'orchestre, ne manque ni d'esprit dans son jeu, ni de verve ; mais le timbre de sa voix est dépourvu de charme. Elle avait intercalé, ce soir-là, dans *don Pasquale,* un air de bravoure d'un style baroque qui doit être le produit de quelque maître de chapelle allemand. Le reste de la troupe, surtout la basse qui jouait le rôle de don Pasquale, n'était pas non plus à dédaigner. L'orchestre était vigoureux, trop vigoureux, car il accompagnait trop fort dans les ensembles et n'observait pas suffisamment les nuances intermédiaires entre le *forte* et le *piano.* En général, les orchestres que j'ai pu entendre en Allemagne accompagnent le chant avec une précision de rhythme qui gêne la voix humaine et la rabaisse au niveau d'un instrument ; mais un plaisir réel, c'est celui que j'ai éprouvé à entendre une douzaine de pauvres musiciens errans qui s'étaient groupés sur la place publique où s'élève la statue de Goethe, œuvre médiocre, d'un style prétentieux. Je me suis demandé, en voyant de pareils monumens, si les Allemands peuvent jamais espérer de comprendre et surtout de pratiquer la statuaire… Je serais disposé à croire que la nature ne les a pas faits pour un art qui exige des qualités qui leur manquent : de la grâce, du naturel et de la simplicité. Je reviens à mes pauvres musiciens, qui jouaient à ravir des valses délicieuses, avec une précision, une justesse et un entrain de bonne humeur que je ne pouvais assez admirer. Puis, alternant avec leurs instrumens à vent, ils se mirent à chanter un joli chœur à trois parties, plein d'accent et d'allure, qui se terminait par un écho exécuté par les instrumens, qu'ils reprenaient avec prestesse. Je fus enchanté, et je leur témoignai ma satisfaction en jetant une poignée de kreutzer dans le chapeau du chef de la troupe, qui m'apprit qu'ils étaient tous Saxons, et qu'ils faisaient ainsi le tour du monde. Je ne pouvais pas me dissimuler que je ne trouverais pas à Francfort ce qui était l'objet principal de mes pérégrinations, et après avoir parcouru la ville de long en large en remarquant le singulier français que vous offrent les enseignes publiques, je me sauvai à Mayence, toujours dans l'espoir d'y entendre un opéra de M. Richard Wagner.

On donnait au théâtre de Mayence, le jour de mon arrivée, non pas le *Tannhäuser* ni le *Lohengrin*, mais le *Freyschütz*, avec un nouveau décor représentant la *gorge du loup*, disait l'affiche. Je me gardai bien de manquer une si belle occasion d'entendre le chef-d'œuvre qui a ouvert la voie à la musique romantique, dont M. Wagner est le dernier représentant. Si Weber eût pu se douter des étranges disciples qui viendraient un jour s'autoriser de son génie pour commettre toutes les extravagances dont nous sommes les spectateurs, il serait mort de douleur quelques années plus tôt. Je ne fus pas mécontent de l'exécution du *Freyschütz* par la troupe de Mayence. Mlle Busch, qui chantait la partie d'Agathe, joint à un très bon sentiment une jolie voix de soprano, peu flexible, mais étendue, et ne manquant pas de charme dans les *andante* et les mouvemens modérés. Mlle Karg a montré du talent dans le rôle d'Annette, qu'elle a joué avec esprit. Sa voix, soprano étendu, est forte, mais également peu flexible et d'un timbre rude à l'oreille. Les hommes étaient médiocres, les chœurs et l'orchestre fort bons, et le public intelligent, comme partout en Allemagne. Quand on vient de Paris, où tout est organisé pour étouffer la vérité et l'opinion des honnêtes gens, pour les contraindre à admirer ce qui est haïssable, à applaudir de misérables productions, où la foule, réunie dans une salle de spectacle, se voit dominée par une phalange de claqueurs à gages qui exercent leur ignoble profession sous l'œil de la police, et qu'on se trouve vingt-quatre heures après dans un théâtre de la bonne et paisible Allemagne, on respire, on se sent soulagé d'un poids énorme. Ici, l'opinion du public est une vérité ; il applaudit lui-même, depuis le parterre jusqu'aux loges les plus élevées, faisant très bien sentir les différentes nuances de sa satisfaction. Quand il n'est pas content, il se tait, et jamais il n'afflige un pauvre artiste d'un bruit équivoque qui puisse l'humilier. Mais la joie la plus vive que j'aie éprouvée à Mayen ! e, c'est d'entendre enfin une bonne musique militaire, celle d'un régiment autrichien, qui, avec un régiment prussien, garde la forteresse fédérale. Oh ! que nous sommes loin à Paris, même dans les régimens les plus favorisés de la garde, de posséder un pareil ensemble, une si belle et si charmante variété de timbres ! M. Adolphe Sax y a mis bon ordre avec ses gros instrument de cuivre, qui sonnent creux, quand ils ne sonnent pas faux. Le jour où l'on écrira l'histoire de l'instrumentation en France depuis le commencement du siècle jusqu'en 1858, on devra signaler la fâcheuse influence qu'ont eue les instrumens de

M. Sax sur la composition de nos orchestres et de nos musiques militaires, qui se ressemblent toutes par une grosse sonorité monotone qui enivre l'oreille au lieu de la charmer. Telle n'était pas la musique du régiment autrichien que j'ai entendue à Mayence : j'ai admiré la justesse parfaite de l'ensemble, la délicatesse des détails et le choix excellent des morceaux qu'on a exécutés. On trouve de la musique partout en Allemagne. Pendant que j'étais à table d'hôte, m'efforçant d'avaler une de ces mixtures de la cuisine allemande dont j'ai déjà parlé, je vis entrer trois hommes avec des instrumens et des cahiers à la main. Ils posèrent deux pupitres sur une table dans un coin de la salle, et, sans demander la permission à personne, ils se mirent à jouer des pots-pourris tirés des opéras de M. Verdi, dont la musique est très populaire dans les provinces rhénanes, L'un jouait le premier violon, le second l'*alto*, et le troisième la basse. Lorsque l'artiste qui dirigeait ce petit concert vint recevoir sa récompense, je lui dis : « Pourquoi ne jouez-vous pas de la musique allemande, quelques morceaux de M. Richard Wagner par exemple, que je serais bien aise d'entendre ? — *Ach ! mein herr*, me répondit-il, la musique de M. Richard Wagner,... on ne l'aime pas beaucoup ici ; cela n'est pas aussi facile à exécuter que du Haydn, du Mozart et du Beethoven. Je vais cependant essayer de vous satisfaire. » Et ils jouèrent en effet un morceau de je ne sais quel opéra de M. Wagner, qui n'avait ni commencement, ni milieu, ni fin. Ils se mirent à rire, en me saluant, à la fin du morceau.

Avant de quitter Mayence, qui n'est pas la ville la plus amusante du monde, j'ai fait une excursion dans le charmant royaume du duc de Nassau, à Sibérien et à Wiesbade, la capitale. Je n'y ai rien vu de bien remarquable, et n'y ai entendu que la musique d'un régiment prussien qui ne valait guère mieux que la première venue d'un régiment français. J'eus la curiosité d'entrer dans la Kursaal et de m'arrêter un instant devant une table de jeu qui était entourée de nombreux amateurs. Parmi les joueurs les plus attentifs, je remarquai une femme, une femme jeune, jolie, vêtue en amazone, avec un chapeau à plumes retroussé par l'un des bords, qui lui seyait à ravir. Elle suivait d'un œil bleu sombre une *martingale* en fixant une épingle sur le numéro qui venait de sortir. Elle paraissait être seule, personne ne lui parlait. Elle avait devant elle, sur le tapis vert, beaucoup d'argent disposé avec symétrie, Je ne pouvais détacher mes yeux de cette belle figure, sur laquelle je n'apercevais aucun signe qui indiquât une émotion extraordinaire. Sa gorge blanche et somptueuse se soulevait sans effort, et je me disais au fond de mon cœur, attristé de voir un pareil emploi de la vie et de la beauté : « *O donna ! il tempo fugge,... e tu fuggir lo lasci* ! le temps s'enfuit, et les heures t'emportent loin de la jeunesse dont tu fais un si triste usage ! » Je l'observai toujours, et je m'aperçus enfin que c'était une Juive. Je m'en allai avec moins de regrets.

De Mayence à Cologne, on quitte le chemin de fer et l'on descend le Rhin sur le bateau à vapeur qui vous entraîne lentement entre ces deux rives si riches de souvenirs, de beautés indescriptibles et de fruits dont le monde connaît le prix. On salue, en passant devant Coblentz, le souvenir de Marceau, et un peu plus loin, près de Weissenthurm, celui du général Hoche, rares merveilles de la fidélité et de l'honneur militaire dans un temps d'héroïsme et de confusion. Qu'ils ont été heureux de mourir sur le champ de bataille pour l'amour de la France et d'échapper ainsi aux épreuves du 18 brumaire ! Arrivé devant Bonn, je voulus m'arrêter dans la ville qui a eu l'honneur de donner le jour, en 1770, au plus grand musicien des temps modernes en ce qui regarde la symphonie, à Beethoven, génie épique qui peut être comparé sans blasphème à Homère ou tout au moins à Shakspeare, dont il possède la variété, la tendresse, la fougue, le pittoresque infini, la terreur et la profondeur… C'est à peine si l'humble maison où est né ce grand homme, qui a suscité de si tristes imitateurs, est signalée au voyageur par une inscription lisible… Il m'a fallu la chercher longtemps dans la *Rheingasse*, où s'abrite maintenant un marchand de vin. Les Allemands parlent beaucoup de leurs grands hommes, ils écrivent des encyclopédies sur la vie de chacun d'eux ; mais ils les laissent volontiers mourir de faim, et ne se donnent même pas la peine de conserver le berceau où Dieu est venu les visiter. On ne sait pas encore à Vienne où reposent les cendres de Mozart ! La statue en bronze qu'on a élevée à Beethoven sur la place de la cathédrale m'a paru aussi raide, *steiff,* aussi laide que toutes celles de l'école moderne que j'ai pu voir sur les bords du Rhin. Le sculpteur a représenté le sublime musicien debout, enveloppé d'un grand manteau, dans une attitude théâtrale qui doit signifier l'acte mystérieux, spontané et fugitif de l'inspiration, et c'est M. Liszt avec ses cantates qui est venu présider ici en 1845 à la glorieuse manifestation de la patrie allemande en l'honneur du musicien qui a traduit par la symphonie ce que Goethe avait traduit dans son *Faust*, le génie poétique et philosophique de la Germanie avant qu'elle ne fût contaminée par le sourire et la sensualité de la renaissance. Je me plairais beaucoup dans la jolie ville de Bonn, ville propre, savante, gaie et bien nourrie quant aux productions du sol. Le marché de Bonn m'a été aussi agréable à voir que celui de Mayence, de Mannheim et de Heidelberg.

En face de Bonn, de l'autre côté du Rhin, dans une vallée délicieuse qui se trouve cachée par le groupe de collines qu'on appelle les sept montagnes, le *Siebengebirge*, j'étais attendu, depuis des années, dans une maison hospitalière. La maison spacieuse, riante, entourée de beaux jardins, au pied d'une colline chargée de vignobles qui la préserve du vent du nord, n'a rien de remarquable pour le style de l'architecture. C'est une habitation commode où tout annonce le comfort, car la maîtresse de ce lieu, d'une beauté splendide et rare, est d'origine anglaise. Je fus accueilli avec l'empressement chaleureux qu'on témoigne à un ami longtemps désiré. Je contai naïvement mes aventures d'auberge et de table d'hôte. — Vous entendez, Félicie, dit tout à coup le mari, nous voulons que notre hôte emporte de céans un meilleur souvenir. — Soyez tranquille, mon ami, répondit-elle avec un large et beau sourire. — Le soir, avant l'heure du souper, on organisa une petite excursion sur le Rhin, dans un grand bateau, La compagnie était assez nombreuse. Un groupe de femmes et de jeunes filles qui entouraient la maîtresse de la maison, dont la taille ressortait comme un palmier élancé dans une oasis, étaient assises à l'arrière de la barque, que faisaient mouvoir en amont un cheval et deux rameurs. Les hommes étaient placés à la proue, et moi entre les deux, tout près du groupe féminin qui gazouillait comme une troupe d'oiseaux au moment de se percher sous la feuillée. La lune, je l'affirme, elle y était, se balançait coquettement au-dessus de ces ruines et de ces châteaux remplis de souvenirs, qui projettent leur ombre gigantesque dans les eaux de ce grand fleuve dont les rives fécondes ont vu tant de conquérans paraître et disparaître. Saisissant un moment de silence où déjà un peu de mélancolie pénétrait dans le cœur de chacun, une des jeunes filles, qui se dérobait à la vue au milieu du groupe de ses compagnes, se mit à murmurer d'une voix douce et tremblante la barcarole de Schubert :

> En se jouant sur la vague endormie.
> Que ce bateau nous berce mollement !
> Oh ! puissions-nous sur les flots de la vie
> Voguer ainsi tous deux en nous aimant !

J'écoutais cette voix naturelle, mais un peu inexpérimentée, avec ravissement. Les paroles allemandes, dont on lit ici la traduction connue, s'harmonisaient encore mieux avec le magnifique paysage que nous avions sous les yeux, particulièrement le second couplet :

> Eh ! es entschwindet mit thauigem Flügel,
> Mir auf den wiegenden Wellen der Zeit.

Ce qui veut dire :

> Autour de nous, le calme et le silence
> Sur les coteaux planent mystérieux ;
> Dans la forêt, le vent qui se balance
> Semble un écho d'un luth harmonieux, etc.

Lorsque la jeune fille fut arrivée, non sans quelque accident d'intonation, au passage qui précède la conclusion de chaque couplet où se trouve cette modulation si neuve et si charmante qui passe rapidement de *ré bémol mineur* en *la bémol majeur* :

> Ah ! près de toi que le rêve est charmant !

la maîtresse de la maison inclina sa belle tête chargée de cheveux blonds… sans proférer un mot. Le lendemain de cette nuit, que je ne puis oublier, je partis pour Cologne.

Après avoir visité la cathédrale, qui ne sera peut-être jamais terminée, je fus assez heureux pour rencontrer dans cette ville, aux rues sales et nauséabondes, M. Ferdinand Hiller, compositeur d'un mérite élevé, qui jouit dans toute l'Allemagne d'une réputation considérable et légitime. Il me dit : « Le moment est mal choisi pour entendre de la bonne musique à Cologne. Le théâtre est fermé, et tout le monde est à la campagne ou aux eaux ; mais si vous voulez me consacrer la journée de demain, — c'était un dimanche, — je vous conduirai dans une ville voisine où doit avoir lieu une fête musicale, *Musik-Fest, qui vous intéressera. » J'acquiesçai avec joie à sa proposition, et je partis le lendemain pour Crefeld.*

J'eus beaucoup de peine à trouver l'embarcadère du chemin de fer qui conduit à Crefeld : j'avais oublié le nom de la ville où je devais me rendre, et mon guide de son côté avait laissé passer l'heure du rendez-vous. Parvenu, non sans obstacles, devant le bureau, je demandai un billet de première classe, ce qui parut étonner l'employé à qui je m'adressai, ainsi qu'un ecclésiastique qui se trouvait là présent. — Prenez, monsieur, un billet de troisième classe, me dit l'ecclésiastique en bon français et presque sans accent, on y est bien, et personne dans ce pays-ci n'use de la permission d'aller s'ennuyer tout seul dans les beaux wagons bien rembourrés où l'on ne peut pas fumer. — Je suivis son conseil, et j'eus le plaisir de me trouver dans un wagon en bois à côté de lui. Après quelques minutes de silence, il s'engagea entre l'ecclésiastique et moi un dialogue dont je veux rapporter quelques traits.

— Vous venez sans doute de Paris, monsieur ? me dit l'abbé en se rapprochant de moi avec bonhomie.

— Oui, monsieur l'abbé, lui répondis-je, et j'y retourne.

— Eh bien ! que dit-on dans cette grande, belle et folle cité ? Se croit-elle toujours la capitale de la civilisation et le centre du monde, comme les Grecs le pensaient d'Athènes ?

— On dit à Paris beaucoup de choses, cela dépend du point de vue où l'on se place pour observer, et il y a encore à Paris des gens assez naïfs pour croire que les opinions qui se forgent dans la capitale de la France ne sont pas indifférentes à l'Europe, ni au reste du monde civilisé.

— Mais enfin que veut Paris et que veut la France, maintenant qu'elle a le repos ?

— Toujours la même chose, et depuis trente ans que je l'habite, elle n'a pas changé d'avis : elle veut la liberté.

— Belle chimère qu'elle poursuit là ! Il n'y pas de liberté possible pour un peuple hors du christianisme et de l'église, qui le représente.

— Hors du christianisme, c'est possible ; mais vous me permettrez de douter que l'église, c'est-à-dire le catholicisme, soit un protecteur bien zélé de la liberté. Il la réclame pour lui quand le pouvoir séculier la lui conteste ; mais il se hâte de la mettre sous le boisseau dès qu'il se croit le plus fort. Voyez ce que le catholicisme fait à Rome, à Naples, en Espagne, en Autriche, et ce qu'il essaie vainement de faire en France !

— Voulez-vous donc, monsieur, que l'église laisse discuter à côté d'elle le principe même de son existence, et qu'elle écoute patiemment toutes les folies et les aberrations qu'il plaît d'inventer à ce que vous appelez la raison ?

— Pourquoi pas ? Puisque l'église se croit en possession de la vérité, qu'a-t-elle à craindre de l'erreur ? Pourquoi ne vivrait-elle pas de nos jours, comme elle a toujours vécu, de luttes et de discussions !

— Mais nous ne repoussons pas la discussion, me répondit l'ecclésiastique avec vivacité, nous l'admettons sur toutes les questions qui ne sont pas du domaine de la foi ; il n'y a que les *francs-maçons* qui prétendent le contraire, et qui ne veulent aucune limite à la puissance de l'esprit.

— J'ignore ce que vous entendez par cette qualification de *franc-maçon* : mais si cela voulait désigner des esprits éclairés et indépendans qui respectent la liberté de l'église et son autorité morale, tout en repoussant sa tutèle intellectuelle, je vous avertis que la France est remplie de ces esprits-là, et que l'œuvre du XVIIIe siècle est irrévocablement accomplie. Permettez-moi d'ajouter que le catholicisme s'est engagé dans une voie dangereuse. Il me semble que nous sommes arrivés à une période historique qui a beaucoup de rapports avec celle où vivait Julien dit l'Apostat : on veut l'impossible, et tout pourrait bien s'écrouler sous de vains efforts pour donner la vie à ce qui n'existe plus. Alors, monsieur l'abbé, l'église serait bien heureuse de trouver ces libres esprits contre lesquels elle n'a pas assez d'anathèmes aujourd'hui, esprits modérés et sages, tout prêts à n'épargner aucun effort pour la protéger contre la démagogie triomphante, qui ne veut pas plus du christianisme que du catholicisme.

— *Basta, vedremo,* me répondit l'abbé avec un sourire malin qui m'apprit que j'avais eu le plaisir de m'entretenir avec un jésuite italien, c'est-à-dire avec un homme de parti, un virtuose du pouvoir.

J'étais arrivé à ma destination, à Crefeld, presque sans m'apercevoir de la longueur du chemin. Je fus accueilli avec courtoisie par un amateur de la ville, M. Schramm, à qui M. Hiller m'avait recommandé par une dépêche télégraphique, et par M. Bischof, écrivain distingué, qui publie à Cologne un très bon journal de musique, *Niederrheinische Musik-Zeitung.* J'eus le plaisir de dîner avec M. Bischof et quelques autres personnes chez M. Schramm, dont la cordiale hospitalité, l'esprit et l'exquise politesse m'ont largement dédommagé des mauvais incidens de mon voyage. À six heures, nous nous rendîmes au concert, dans une salle agréable et spacieuse récemment bâtie. Toutes les fenêtres de la ville étaient pavoisées de drapeaux, et la population était disséminée dans les rues pour voir passer des essaims de jeunes filles qui faisaient partie de la masse des exécutans. Ils étaient au nombre de quatre cents, ainsi distribués : quatre-vingt-douze voix de soprano, soixante-deux seconds sopranos, cinquante-six ténors, cent dix basses et quatre-vingt-quatre instrumentistes, le tout dirigé par M. H. Wolff, maître de chapelle de la ville de Crefeld. C'était le chef-d'œuvre d'Haydn, *les Saisons,* qu'on avait choisi pour remplir la première séance, qui a eu lieu le 12 septembre. L'exécution a été parfaite, principalement en ce qui regarde les chœurs, qui ont chanté avec un ensemble, une justesse et une observation des nuances dont le Conservatoire de Paris ne se doute pas. Les solos ont été rendus avec distinction, celui de soprano par Mlle Deutz de Cologne, le ténor, par M. Goebbels d'Aix-la-Chapelle, et la basse a été remplie par M. Dumont-Fier de Cologne, qui a de la tenue dans le style. Tout ce monde de chanteurs était composé d'amateurs, de jeunes filles appartenant à toutes les classes de la société, les filles des millionnaires à côté des moins fortunées, sans morgue, sans prétention, les unes venant de Cologne, les autres de Dusseldorf, d'Aix-la-Chapelle, et des petites villes environnantes. Oh ! que nous sommes loin de ces mœurs-là en France, surtout dans les villes de province, où la vanité joue un rôle si désastreux et empoisonne la vie qu'on y mène ! C'était un spectacle délicieux que de voir cette salle de concert remplie de quinze cents personnes, les unes écoutant et les autres exécutant une œuvre de génie avec un respect religieux ! Après le concert, tout ce monde joyeux se réunit dans un casino où étaient préparés les élémens d'un bon souper qui se prolongea jusqu'à deux heures du matin. Je ne saurais trop remercier M. F. Hiller de m'avoir procuré un des plaisirs les plus vifs et les plus purs que j'aie éprouvés dans ma rapide excursion sur les bords du Rhin.

Je ne veux pas quitter ces villes populeuses et riches qui bordent la rive gauche du Rhin sans dire un mot de l'esprit

qui anime les populations. M. Victor Hugo a dit d'elles :
« Toute cette rive du Rhin nous aime, — j'ai presque dit :
nous attend[1]. » Cela pouvait être vrai en 1839 ; cela ne
l'est plus en 1858. J'ai eu l'honneur de m'entretenir, à
Mayence, à Coblentz, à Bonn et à Cologne, avec des
hommes distingués de tous les partis, et je les ai trouvés à
peu près contens du gouvernement prussien, qui est modéré,
économe, très éclairé. Toutes ces villes jouissent d'une
grande liberté municipale, qu'elles ne sont pas disposées à
sacrifier pour le prétendu bonheur de faire partie de la
grande unité française. Elles espèrent d'ailleurs voir se
développer les germes du gouvernement représentatif, qui
s'implante peu à peu dans les mœurs de la nation, et
s'attendent à des améliorations, lorsque le prince de Prusse,
qui est un soldat, et non pas un bel esprit ni un théologien,
aura la direction suprême du gouvernement. Son fils, qui
vient d'épouser une fille de la reine d'Angleterre, a été,
comme les princes de la maison d'Orléans, élevé au milieu
de la génération qu'il doit gouverner un jour. Tout cela
forme un ensemble d'espérances qui attachent les villes du
Rhin au gouvernement prussien et à la grande famille
allemande.

Le lendemain du festival de Crefeld, le chemin de fer me
ramenait à Paris par Bruxelles, où je ne trouvais que de la
musique que vous connaissez trop, et ainsi s'est terminée
cette pérégrination sur les bords du Rhin, d'où je suis
revenu sans avoir pu entendre un seul opéra de M. Richard
Wagner. C'est à Vienne, Prague, Munich, Dresde, Leipzig

et Berlin, qu'il faut chercher la musique allemande ; c'est là, oui là, dans ces villes où ne fleurissent pas les citronniers, que je voudrais aller. Les dieux permettront-ils que mon vœu s'accomplisse un jour ?

P. SCUDO.

1. ↑ *Le Rhin,* 1ee v., p. 243.